LES ÉTOILES DU CHANT

PAR

GUY DE CHARNACÉ

Deuxième Livraison.

CHRISTINA NILSSON

PARIS
HENRI PLON, IMPRIMEUR-ÉDITEUR
RUE GARANCIÈRE, 10

LONDRES	MADRID
M. MITCHELL, LIBRAIRIE ROYALE BOND STREET	CARLOS BAILLY-BAILLIERE
VIENNE	SAINT-PÉTERSBOURG
CHARLES GÉROLD FILS ÉDITEUR	ÉMILE MELLIER LIBRAIRE DE LA COUR

1869

Tous droits réservés.

Gravé par Morse

Henri Plon Éditeur

CHRISTINA NILSSON.

I

VERS les confins méridionaux de la péninsule scandinave, entre les lacs et les forêts du Smaland agreste, au village de Hussaby, non loin de Wexiö, habitait un brave paysan, qui vivait de son travail et cultivait avec l'aide de sa nombreuse famille une ferme appartenant au comte Hamilton [1].

Les terres sablonneuses de ce petit domaine, battues des vents du nord, donnaient de maigres récoltes ; le bétail restait chétif, les chemins étaient mauvais, les denrées se vendaient mal. Sur la neige des longs hivers, sous les hauts sapins brillants de givre, se détachait, basse et triste, revêtue de sa couche foncée d'ocre rouge, la maison de bois du cultivateur Nilsson.

Dans ces chambres au ras du sol, peu spacieuses, peu éclairées,

---

[1] Le comte Hamilton, descendant de la maison écossaise des Hamilton, dont une branche s'est transplantée en Suède dès les temps les plus anciens.

donnée par Dieu pour appeler le bétail au pâturage? Ses doigts blancs, délicats, étaient-ils ainsi façonnés pour manier la pelle ou la pioche?

A de semblables raisons il n'y avait rien à répondre. La mère Nilsson s'y rendit; la proposition de M. de Thornerhjelm fut acceptée.

Accueillie sous le toit de son bienfaiteur, Christina s'y fit bientôt chérir de tout le monde. On découvrait déjà en elle cet esprit perspicace, cette finesse d'observation qui chez les paysans tient lieu d'éducation et d'usage du monde. L'esprit de conduite, l'aptitude aux affaires, le discernement, l'absence de passions, le calme d'un esprit positif, tous ces dons, gardiens de la tranquillité intérieure, révélaient alors chez la jeune Suédoise ce caractère ferme et prudent que les années et les nécessités d'une vie privée de ses guides naturels ont beaucoup développé.

En effet, Christina Nilsson, à l'heure présente, s'occupe seule de ses affaires théâtrales et les conduit de façon à en remontrer au tabellion le plus expérimenté.

Mais revenons au château de Thornerhjelm, où l'on voyait nombreuse compagnie, où l'on donnait des fêtes brillantes. Un jour qu'on y faisait de la musique, une cantatrice en vogue, mademoiselle Valerius, devenue depuis baronne de Leuhusen, témoigna le désir d'entendre chanter la petite paysanne dont chacun lui vantait la voix, et cette voix l'ayant charmée, elle voulut en prendre le soin. Avec l'agrément de la famille Thornerhjelm et le consentement de l'enfant, mademoiselle Valerius emmena Christina dans sa maison. Elle lui donna des leçons, et vit avec une satisfaction extrême qu'elle ne s'était pas trompée en pensant que dans cette voix sans culture il y avait tous les germes d'un vrai talent.

monarchie suédoise, dans la province même où est née Christina Nilsson, une certaine Blaenda sauva le pays de l'invasion des Danois, et voici comment :

Blaenda invita les chefs de l'armée danoise à un festin où elle avait réuni les jeunes filles les plus jolies et les plus courageuses de la province. Lorsque ces hommes furent bien échauffés par les fumées du vin, chaque jeune fille tira de dessous sa robe une faucille à couper le blé et en trancha la tête de son voisin. Blaenda s'était réservé celle du chef principal.

Encore aujourd'hui, les jeunes filles de la province de Wärend portent aux jours de fête, et en souvenir de ce fait, une ceinture d'argent, fermée par une agrafe ciselée où se trouve représentée la salle de ce festin vengeur.

A ces dispositions musicales Christina joignait une très-vive intelligence et une assiduité qui devaient la mener loin. Mais l'heure était venue pour elle d'un autre enseignement : l'âge d'être admise à la communion évangélique et de confesser sa foi au sein de l'église. Pour la mieux disposer à un acte de cette importance, on envoya la jeune fille à Gothembourg, dans un pensionnat recommandable, où elle demeura deux ans. Après quoi M. de Thornerhjelm la reprit avec lui et l'emmena à Stockholm. Ce fut là que sous la direction d'un habile professeur et compositeur de musique, M. Franz Berwald, Christina se remit avec zèle à l'étude un peu négligée de son art. Au bout d'assez peu de temps, elle avait acquis sur le piano un remarquable talent d'exécution, et par la connaissance intime des maîtres allemands elle était devenue parfaite musicienne.

De vagues ambitions commençaient aussi à s'agiter dans l'âme de la jeune fille. Le nom de Jenny Lind, l'orgueil de Stockholm, était alors en pleine gloire; il revenait incessamment dans tous les discours. Christina ne l'entendait pas sans émotion. Sous l'aspect calme et froid des beautés du Nord, les femmes suédoises, à quelque condition qu'elles appartiennent, ont de race et dans le sang je ne sais quoi d'audacieux : une ardeur secrète, une inquiète intrépidité qui volontiers se jette aux hasards et, sans peur, interroge les flots et les étoiles [1].

Le rêve du père Nilsson hantait parfois les nuits de Christina.

---

[1] Il y a deux ans, le hasard me fit rencontrer quatre jeunes filles suédoises venues à Paris pour tenter la fortune, attirées par l'Exposition universelle. Elles étaient arrivées en chantant, chaque ville leur fournissant partie de leur voyage; mais leur témérité faillit n'être point récompensée. Perdues dans Paris, où elles n'avaient nul protecteur, — leur compatriote mademoiselle Nilsson était à Londres à cette époque, — ne parlant pas français, elles se trouvaient dans une situation des plus critiques.

Grâce à l'allemand, qu'elles comprenaient un peu, je pus leur venir en aide. Plusieurs de mes confrères, priés par moi de les venir entendre, furent ravis des mélodies scandinaves chantées à quatre parties par ces charmantes jeunes filles. Nous priâmes M. Montigny de les laisser chanter dans l'intervalle de deux pièces, et elles obtinrent un réel succès au Gymnase pendant toute une quinzaine.

Les sœurs Groenberg possédaient à elles quatre tout le registre de la voix humaine. La basse surtout était remarquable. Mais leur chant était si bien fondu qu'on ne pouvait distinguer à laquelle des quatre telle ou telle voix

Elle voyait s'ouvrir dans ses songes des horizons lointains et lumineux. Ces horizons tout à coup se rapprochèrent. Une artiste distinguée, la sœur de mademoiselle Valerius, peintre de portraits, partait pour Paris. Elle proposa à Christina d'y venir avec elle. Pour l'enfant des forêts de Husaby, un voyage en France était un voyage au pays des *mirabilia*. La tentation était vive, les hésitations furent courtes; les apprêts du départ et les adieux ne prirent pas long temps.

Christina était recommandée à une famille anglaise établie à Paris : elle y reçut une simple et cordiale hospitalité. Comme en s'expatriant elle avait en vue de donner à son talent tout son essor, son premier soin fut de s'enquérir d'un maître habile. Le professeur Wartel[1] venait dans la maison. Christina lui demanda ses conseils, et durant l'espace de trois années elle s'y conforma avec une docilité entière.

M. Wartel ambitionnait pour son élève la carrière théâtrale. Il lui en parlait souvent; Christina différait, moins par timidité que par incertitude de sa vocation véritable. Mais un soir qu'elle revenait du Théâtre-Lyrique, où elle avait entendu dans *la Reine Topaze* madame Miolan-Carvalho qui s'y était surpassée, la jeune artiste se sentit touchée au vif d'une émulation généreuse. Les images qui obscurcissaient encore son avenir se dissipaient à ses yeux; sa vocation parlait haut. Après une nuit de fièvre et d'insomnie, Christina, résolue désormais à suivre son inclination secrète, faisait demander une audition au directeur du Théâtre-Lyrique. Grâce aux bons offices de M. Wartel, elle n'eut pas à l'attendre longtemps; grâce surtout aux dons magnifiques et au talent singulier qu'elle laissa voir, elle obtint sur-le-champ un

---

appartenait. Vêtues de leur costume national sur lequel venaient tomber leurs longues tresses blondes, d'une physionomie mélancolique comme le caractère de leurs chansons, Frida, Ingebord, Nanny et Demine Groenberg resteront dans le souvenir de ceux qui les aidèrent à regagner leur froide patrie riches d'un petit pécule.

[1] M. Wartel est, en effet, l'un de nos meilleurs professeurs. Avant d'avoir donné à l'art lyrique mademoiselle Nilsson, M. Wartel avait déjà formé un contralto distingué, mademoiselle Trebelli.

modeste engagement de trois ans, au prix de deux mille francs la première année, deux mille cinq cents francs la seconde et trois mille francs la troisième, et le 27 octobre 1864, la jeune Suédoise paraissait pour la première fois sur une scène française, devant un public parisien.

Christina avait alors vingt et un ans.

II

C'était le moment où le Théâtre-Lyrique, à l'ombre de la liberté récemment donnée aux théâtres, s'appropriait le répertoire des Italiens. M. Carvalho voulut débuter par *la Traviata,* sans doute parce que le livret de cet opéra est la traduction d'une comédie française. Ce fut une idée malheureuse. Le contre-sens perpétuel qui règne entre la musique de Verdi et la pièce de M. Dumas fils, déjà très-apparent sur la scène italienne, parut insupportable sur la scène française. *La Dame aux Camellias* est surtout une pièce d'actualité, une peinture amusante et railleuse d'un monde frivole et essentiellement français, de mœurs légères, que la musique n'est pas par elle-même très-propre à rendre, et que le génie de Verdi ne pouvait comprendre. Comme on l'a justement fait remarquer, l'esprit de M. Auber était seul capable de broder une arabesque musicale dans le ton de ce canevas parisien. Sentiments et passions agissant en pleine lumière, en pleine liberté, tableaux animés par les ressources de l'imagination et de la couleur, voilà ce qu'il faut au musicien. Qu'a-t-il rencontré dans *la Dame aux Camellias?* — Des faits anecdotiques et les allures du jardin Mabille !

Des situations si vulgaires, une absence si complète d'idéal ne pouvaient maintenir le compositeur dans la réalité; aussi s'en est-il éloigné tout à fait. De là ce contre-sens que je signalais à l'instant, de là aussi une difficulté extrême pour mademoiselle Nilsson à jouer ce rôle de Phryné moderne avec l'accent juste. La personne que j'ai tenté de montrer plus rêveuse qu'expansive n'est point là dans un cadre approprié à sa nature délicate et élevée. Elle n'est point à son aise le verre en main dans un souper de viveurs ; elle n'a point la verve nécessaire pour célébrer le pétillant champagne; elle dira mieux une prière qu'un *brindisi*. Il n'est pas jusqu'à la robe de la courtisane qui ne jurât sur les pudiques épaules de l'humble fille des champs suédois, jusqu'au langage du Parisien au dix-neuvième siècle qui ne détonnât sur les chastes lèvres de Christina Nilsson. Son accent scandinave, très-prononcé à cette époque, étonnait aussi nos oreilles. C'était donc lui enlever son caractère poétique que de faire d'elle l'héroïne d'une situation aussi étrangère à sa nationalité qu'à son éducation.

Aussi ce début, autour duquel on avait fait un certain bruit, ne produisit-il pas l'effet qu'on s'en était promis. Voici mon impression d'alors, telle que je la consignai dans une chronique au lendemain de cette représentation :

« Une personne blonde, mince, dont le regard a parfois le froid de l'acier; une comédienne intelligente mais novice, avec un accent du Nord hors de place dans un boudoir parisien, et à laquelle la robe de serge conviendrait mieux que les falbalas dont elle ne sait que faire; une chanteuse inégale avec des notes très-brillantes dans le registre supérieur, un *medium* sourd et faible, des notes basses un peu voilées, telle m'est apparue mademoiselle Nilsson dans le rôle de Violetta, qui ne sera pas son dernier mot. J'entrevois là une étoile que l'avenir nous dévoilera plus lumineuse, lorsque les nuages qui l'entourent encore se seront dissipés. »

Je ne m'étais pas trompé, et dans la soirée du 23 février 1865 cette étoile du Nord brillait à nos yeux d'un éclat sans pareil.

Quel ciel plus propice que celui de *la Flûte enchantée* pouvait en effet choisir Christina Nilsson pour nous révéler son caractère mystique, sa nature musicale et religieuse? Mozart n'a-t-il pas mis dans cet opéra, que Beethoven considérait comme le chef-d'œuvre de son rival, tout ce que son cœur et son esprit rêvaient d'idéal? Le merveilleux, le surnaturel, le fantastique, ne viennent-ils pas se mêler aux sentiments les plus tendres, les plus élevés de l'âme humaine? A ce côté idéaliste, symbolique de son talent, à cette religiosité qui lui faisait trouver l'enivrement et l'extase dans le son des cloches appelant les fidèles à la prière, Mozart n'a-t-il pas joint aussi dans *la Flûte enchantée* la recherche psychologique des émotions humaines, l'amour et surtout cette sentimentalité, essence même du caractère allemand?

Toutefois ce n'est pas Pamina, l'héroïne romanesque, tendre et candide du musicien-poëte, que Christina Nilsson devait personnifier, mais bien la tragique Reine de la Nuit avec son diadème d'étoiles. C'était le côté fantastique de l'œuvre que devait représenter la fille des sombres plaines scandinaves.

Depuis le jour de septembre 1792 où la blonde Aloysia Weber, rayonnante de l'amour qu'elle inspirait à l'immortel auteur de *la Flûte enchantée*, montait aux nues dans ce rôle romantique de la *Kœnigin von der Nacht*, on n'avait point entendu semblable harmonie dans l'azur.

Ce fut un éblouissement lorsque cette forme humaine enveloppée dans son manteau noir constellé, le front scintillant sous un disque étoilé, l'œil fulgurant, la bouche au sourire démoniaque, prononça ces paroles : « Oui, devant toi tu vois une rivale! »

Près d'un siècle après cette sublime création d'un génie sans pareil, les dieux nous envoyaient une seconde Aloysia pour nous montrer la vision conçue dans le cerveau de Mozart. Nos esprits sceptiques crurent un instant avoir entrevu une créature surhumaine. La vision fut courte; mais avec ces notes inaccessibles aux voix ordinaires, avec ces *contre-fa* répétés d'un accent strident, ces *staccati* d'une intonation sûre, d'une vibration singulière, je sentis mon âme pénétrer le sens mystérieux de cette création toute germanique. Comme le disait M. Blaze de Bury : « En vraie fille du Nord, en sœur de Jenny Lind, Christina Nilsson a compris l'idée du maître. Si sa voix aiguë et vibrante escalade le ciel, c'est pour maudire de plus haut comme une Titanide; les notes sortent de sa bouche comme des vipères de feu, elle a des ricanements d'Hécate. »

Voilà donc une simple paysanne devenue reine pour personnifier idéalement cette singulière création de Mozart. Tout à l'heure nous allons la voir retrouver à travers les siècles l'une des héroïnes les plus poétiques de Shakspeare. N'était-ce pas assez pour la gloire et la renommée d'une artiste?

Mais tout être qui produit, écrivain, poëte, musicien, peintre, ou même comédien, ne saurait s'arrêter. Il y a constamment une voix intérieure qui lui crie : Marche, marche! Et il marche.

Donc un compositeur, Allemand d'origine et cosmopolite par le talent, M. le baron de Flottow, chambellan honoraire de l'empereur d'Autriche, vint, en cette année 1865, apporter au Théâtre-Lyrique un opéra devenu populaire en Europe, *Martha*. Ce fut mademoiselle Nilsson qui, le 18 décembre, en créa le rôle principal.

J'assistais à cette première représentation, et je me souviens à peine de l'effet qu'elle produisit, tant il fut effacé. Ce fut seulement dans le « quatuor du rouet », où les notes « piquées » se détachaient claires et vibrantes sur le rhythme de l'accompagnement, monotone comme le bruit du rouet lui-même, que la chanteuse se fit applaudir. La délicieuse romance de « la Rose », mélodie écossaise ingénieusement intercalée par le musicien dans la partition, et que Thomas Moore accompagna de ces vers harmonieux :

> 'Tis the last rose of summer
> Left blooming alone,

ne me toucha point sur les lèvres de la froide Suédoise.

Quelle autre sensation j'éprouvai quelques jours plus tard en l'entendant chanter par la Frezzolini! La belle et touchante artiste en avait fait tout un poëme suave et tendre. Il me sembla voir dans cette mélancolie de la chanson populaire toute la mélancolie de la grande cantatrice, qui faisait alors ses adieux à la scène! En chantant la dernière rose de l'été, Erminia Frezzolini cueillait aussi les dernières feuilles de sa couronne de laurier! Sublimes beautés de l'âme et de la ligne, réunies en cette artiste d'élite, vous vivrez encore dans notre souvenir après que toutes les fleurs de ses couronnes seront tombées en poussière !

III

Trois autres opéras vont encore servir de cadre à mademoiselle Nilsson pendant les années 1866 et 1867 : *Don Juan*, *Sardanapale* et *les Bleuets*. Puis, le théâtre de ses débuts fermé comme un hôtel à louer, nous la retrouverons sur notre première scène lyrique.

Nous avons vu notre *étoile* réaliser tout à l'heure dans la *Zauberflœte* l'idéal de Mozart. Quittant le domaine céleste pour prendre sur terre une forme très-humaine et se transformer en épouse délaissée, elle va paraître moins à son avantage. Dans le rôle d'Elvire, mademoiselle Nilsson a perdu le bénéfice de ses dons les plus brillants. Ses notes hautes n'y seront point employées et l'effet ne viendra pas. Forcée de replier ses ailes, elle marche d'un pas incertain sur les traces de son infidèle époux, ne laissant voir aucun des sentiments qui l'animent.

Il faut le dire, la nature froide de la Suédoise ne peut concevoir les mouvements passionnés, les ardeurs jalouses de la femme de don Juan. Elvire, trahie, ne se contient plus; elle crie vengeance, mais sans cesser de poursuivre de ses désirs enflammés celui qui lui appartient par des liens qu'elle respecte. Abandonnant à donna Anna le soin d'appeler un bras justicier sur l'infidèle, elle hésite perpétuellement entre une jalousie vengeresse et les emportements d'une passion mal éteinte. Toute la situation est dans ces paroles d'Elvire :

« Ah! comment pourrai-je retrouver le barbare que j'ai aimé pour mon malheur, et qui a trahi sa foi! Si je le revois, et s'il n'abjure pas ses torts, je veux lui arracher le cœur. »

Mademoiselle Nilsson n'a-t-elle pas trop de sérénité pour comprendre de telles contradictions? A-t-elle bien besoin d'imposer silence à son cœur et de lui dire avec Elvire : « Mon cœur, calme-toi, cesse de palpiter! » Les nuits de Stockholm n'ont point les chaudes langueurs, les enivrements des nuits de Séville. En voyant

Elvire à son balcon, on sent qu'elle va descendre, subjuguée par la voix de l'éternel séducteur. Mais ce « trouble extraordinaire » qui s'élève dans son âme agita-t-il jamais le cœur de Christina Nilsson? Rien dans son jeu ne porte à le croire.

L'interprétation de ce rôle au Théâtre-Lyrique me remet en mémoire un fait assez singulier et que je ne puis passer sous silence, puisqu'il fut l'occasion de l'unique effet produit par mademoiselle Nilsson.

Une artiste de talent, madame Charton-Demeur, remplissait le rôle de donna Anna; mais la « tessiture » de sa voix ne lui permettant pas d'attaquer piano le *si bémol* et de le tenir, comme cela est indiqué dans le trio des masques, que fit-on? Mademoiselle Nilsson la suppléa dans ce passage! Grâce à ce stratagème, à cette altération de l'idée du maître, le fameux trio fut bissé dans cette soirée du 8 mai 1866. La virtuose fit éclater sonore et pénétrant ce *si bémol*, pour venir caresser ensuite la gamme descendante et laisser admirer cette fois encore le timbre cristallin de son registre supérieur. Elle avait besoin de cette revanche, car tout, jusqu'au dialogue malencontreusement substitué au récitatif, où l'accent scandinave se montrait trop à découvert, avait nui au succès de la comédienne.

Si l'opéra de M. Joncières, représenté le 8 février 1867, n'eût pas sitôt disparu, malgré certaines beautés incontestables de clarté, de mouvement et de couleur, le rôle de Myrrha compterait davantage dans les victoires de mademoiselle Nilsson. Elle a rencontré dans *Sardanapale* certains accents dramatiques qui caractérisent l'un des côtés de son talent si national.

L'air, *Muse de ma patrie à la lyre d'airain*, et celui-ci, *Le silence et la mort répandent leurs alarmes*, tous deux d'un caractère noble et pompeux, furent dits avec une fougue scénique et des vibrations vocales extraordinaires. Il y eut là des effets de terreur, d'épouvante, que je n'oublierai pas.

Tout autre elle nous apparut, quelques mois plus tard, dans *les Bleuets* de M. Jules Cohen. Couronnée de fleurs, elle charma l'assistance par son air poétique. La naïveté de cette petite églogue lui seyait à ravir. Chacun eût voulu recevoir l'un de ces épis distribués par la villageoise à ses compagnes sur un rhythme gracieux et original ; chacun eût voulu lui faire redire la ballade des *Orientales* :

> Tandis que l'étoile inodore,
> Que l'été mêle aux blonds épis,
> Émaille de son bleu lapis
> Les sillons que la moisson dore,

et reprendre après elle le gracieux refrain :

> Allez, allez, ô jeunes filles,
> Cueillir des bleuets dans les blés.

M. Cohen n'avait point oublié non plus de faire chanter à Estelle une valse où se trouvait habilement placé un *staccato* rappelant celui de *la Flûte enchantée*. Est-il besoin d'ajouter que mademoiselle Nilsson enleva cette valse aux applaudissements de l'assemblée ? C'est là, en effet, que triomphe surtout sa virtuosité.

IV

Mais la fée des *Sagas*, protectrice de l'enfant du Smaland, lui réservait bien d'autres faveurs. Le directeur de l'Académie impériale de musique venait de recevoir un opéra de M. Ambroise Thomas, une œuvre dont le titre est emprunté au plus profond, au plus puissant des drames. J'ignore ce qui s'est passé dans l'esprit de M. Perrin lorsqu'il se vit en présence d'un ouvrage qui lui était imposé par la position de l'auteur. Mais un éclair traversa son cerveau ; sa pensée se reportant sur mademoiselle Nilsson, il l'engagea pour le rôle d'Ophélie. Ce fut un coup de maître. Sans l'apparition de l'étoile polaire, M. Ambroise Thomas n'eût peut-être pas gagné le port.

Quelle puissance donne donc la beauté, quels mirages produit-elle donc, pour qu'un simple tableau où l'inspiration est remplacée par une mosaïque heureusement combinée, suffise à donner la vie à toute une œuvre mortellement ennuyeuse ? Le rôle d'Ophélie, c'est une scène, une scène de folie provoquée par les dédains et l'oubli d'Hamlet, ce fou sublime, ce héros shakspearien, que le sentimentalisme et l'esprit de M. Thomas ne pouvaient facilement pénétrer, et auquel il prête, pour tout bien, une chanson à boire. Cette scène de folie est tout l'opéra, ou, pour mieux dire, tout le succès.

Mozart, Beethoven, Weber, Meyerbeer, Rossini, avaient songé sans doute à cette étonnante production *géniale*, mais aucun de ces géants n'osa cependant porter la main sur le drame du poëte anglais. L'auteur de trois ou quatre opéras-comiques, dont aucun ne porte la marque d'une personnalité bien accusée, l'a risqué témérairement sans tomber, grâce au talent d'un artiste consommé, M. Faure, grâce aussi à la plus merveilleuse des rencontres.

En plein dix-neuvième siècle, l'héroïne scandinave de Shakspeare s'est trouvée tout à coup devant nous dans sa pâleur, dans sa folie, avec ses cheveux blonds épars, ses yeux bleus étranges d'expression, animant jusqu'aux dalles du préau d'Elseneur, le gothique et royal manoir danois aux créneaux neigeux. Tous les travestissements, toutes les méprises du musicien français et de son collaborateur avaient disparu. L'illusion était complète; c'était bien Ophélie que nous voyions, Ophélie elle-même renaissant de ses cendres après des siècles de sommeil.

Aussi l'enthousiasme fut-il spontané, immense, indescriptible, le jour de cette apparition prodigieuse. Ce n'était certes pas l'arrangement du compositeur qui enflammait ainsi les spectateurs. De son invention il n'y avait rien, ou presque rien ; car je ne présume pas que M. Ambroise Thomas veuille tirer grande gloire d'une valse uniquement faite pour mettre en relief la virtuosité de la chanteuse, ses notes *staccati* et leur scintillement ; qu'il veuille s'approprier la complainte suédoise chantée quelques jours auparavant par les orphéonistes de Stockholm, dans une représentation extraordinaire.

Au lendemain de cette soirée où M. Perrin avait donné hospitalité aux compatriotes de mademoiselle Nilsson, elle chanta au maître la mélodie qui l'avait frappé, et le placage fut décidé, l'effet assuré. Telle est l'histoire vraie des circonstances qui créèrent la scène de folie dans l'*Hamlet* de M. A. Thomas.

On voit d'ici quel parti mademoiselle Nilsson en devait tirer. Ce n'est pas qu'elle y ait apporté un grand art de composition, ou qu'elle ait copié l'interprétation de telle ou telle actrice, celle, par exemple, de la jeune Italienne qui nous charmait il y a trois ans aux côtés de Rossi, cet Hamlet, cet Othello admirable auquel je dois peut-être mes plus grandes émotions. Non. Mademoiselle Nilsson n'avait point à se préoccuper de la tradition, car elle l'avait pour ainsi dire en elle. Rien de prémédité, d'appris, ne parut dans son jeu; elle se montra dans toute son ingénuité, et ce fut là son charme. Rien de frappant, d'artistique dans son geste, dans sa diction; rien de chaud, de passionné dans son chant froid comme le ciel de son pays; mais un ensemble plein d'attraits, une physionomie originale d'une séduction parfois irrésistible.

Ophélie venait de ressusciter, et c'est à ce miracle que nous avons tous applaudi, et c'est à cette résurrection que nous devrons la poétique composition de M. Morse.

> A sa blancheur le temps jaloux n'a rien ôté :
> Sur le front virginal d'Ophélie elle-même
> Shakspeare seulement a mis un diadème.

Mais l'hiver a fui; nous sommes arrivés aux premiers jours du printemps. Tandis qu'Ophélie repose sous la froide pierre des tombeaux, Marguerite cueille les fleurs nouvelles de son jardin. C'est la saison lyrique où l'Allemagne célèbre les fêtes de mai. De longues processions de femmes vêtues de blanc et ceintes de guirlandes, dit le poëte, descendent, en chantant des cantiques, sur les bords du fleuve. Elles lui portent en offrande des touffes d'herbes symboliques qui, jetées au courant des flots rapides, entraînent avec elles tous les malheurs de l'année.

C'est dans une de ces fêtes que Faust s'est trouvé sur les pas de *Gretchen* et qu'elle lui répond :

> Non, Monsieur! je ne suis demoiselle ni belle,
> Et je n'ai pas besoin qu'on me donne la main!

Elle n'a jamais rien appris, cette ignorante Gretchen ; aussi se laisse-t-elle abuser comme une pauvre villageoise qu'elle est, qui tue ou fait tuer, sans trop s'en douter, sa mère, son frère, son enfant, et qui perd finalement le peu de bonheur et d'esprit que la nature lui avait donné.

Marguerite symbolise l'amour pur. Elle reste toujours, même dans la gloire céleste, « la candide et simple jeune fille qui a péché, qui a souffert, dit Daniel Stern. Elle n'est ni une stoïcienne ni une héroïne, la pauvre enfant, mais une douce chrétienne. Elle n'a jamais rien su, rien voulu ici-bas qu'aimer, aimer de ce profond amour du cœur où les sens n'ont qu'une part inconsciente, et c'est pourquoi elle est demeurée pure, innocente jusque dans le crime. »

Je n'ai point à examiner ici dans quelle mesure M. Gounod, tenté par la tragédie de Gœthe, a compris le génie du poëte allemand. L'œuvre du musicien français montre depuis la première jusqu'à la dernière page quelles distances séparent ces deux esprits. L'un plane de toute la hauteur de son génie sur les sentiments mesquins que l'autre caresse de son pinceau maniéré et affadi. Comment M. Gounod pourrait-il s'élever jusqu'à ces cimes nébuleuses de la poésie germanique, lorsque son aimable tableau de genre n'a pu supporter, sans en être amoindri, le cadre de l'Académie impériale de musique?

J'ai simplement à montrer que si mademoiselle Nilsson n'a pas su rendre les mièvreries de l'auteur de *Faust*, mièvreries dont madame Miolan-Carvalho s'était faite si naturellement l'interprète, elle a du moins compris la création de Gœthe.

C'est dans toute la simplicité d'un cœur qui vient de s'ouvrir qu'elle a dit ces deux vers :

> Je voudrais bien savoir quel était ce jeune homme,
> Si c'est un grand seigneur, et comment il se nomme.

Elle n'a pas composé son visage, elle n'y a pas laissé voir, comme sa devancière, un semblant de honte, voire même de pudeur, qui n'est point en elle. Gretchen ne connaît point encore le mal, et c'est dans toute la naïveté d'une impression douce et candide qu'elle songe à Faust.

Peut-être mademoiselle Nilsson a-t-elle chanté d'un ton trop décidé la ballade du roi de Thulé, à laquelle la demi-teinte convient mieux. Quant à l'air des « Bijoux », elle en a effacé autant qu'elle a pu, et avec grande raison, le maniérisme, si hors de place sur les lèvres d'une petite bourgeoise allemande. C'est dans la candeur de son âme que Gretchen prend la clef du coffret si inopinément placé sur le seuil de sa porte.

> Je ne fais, en l'ouvrant, rien de mal, je suppose !...

dit la jeune fille; et ses yeux éblouis par tant de richesses ignorées d'elle jusqu'ici, vont devenir les complices de Méphistophélès. La coquetterie féminine, la vanité enfantine, l'amour de la parure naturel à toute femme, qu'elle soit la fille d'un prince ou la plus humble villageoise, l'entraînent à se parer de bijoux, ornements de sa beauté. Gœthe l'a compris et voulu ainsi, et la nouvelle Marguerite a bien fait de ne pas déguiser sa joie secrète en se voyant si belle dans le miroir fatal.

Le soir est venu, et les deux amants, sans autres témoins que les étoiles, vont chanter :

> O nuit d'amour !... ciel radieux !...
> O douces flammes !...

Gretchen cueille une marguerite et lui demande, en l'effeuillant, si elle est aimée d'un amour éternel.

> Oui !... crois-en cette fleur éclose sous tes pas !...

lui répond Faust qui la presse de se rendre à sa passion. Et la pauvre enfant, sous un regard de feu, trouve encore la force de lui jeter cette prière :

> Partez ! oui, partez vite !
> Je tremble !... Hélas !... J'ai peur !...
> Ne brisez pas le cœur
> De Marguerite !

Ces mots ont été dits avec un accent touchant par mademoiselle Nilsson.

Marguerite s'est échappée vierge encore des bras de son séducteur. L'âme émue et déjà livrée à Faust, elle se met à la fenêtre et chante, le regard tourné vers le ciel :

> Il m'aime!... quel trouble en mon cœur!...
> L'oiseau chante!... le vent murmure!
> Toutes les voix de la nature
> Semblent me répéter en chœur
> Il t'aime!...

Quelle poésie mademoiselle Nilsson a répandue sur cette scène, dans ce tableau où elle nous est apparue comme l'expression la plus vraie de l'amour le plus pur!

A l'acte suivant, la comédienne n'est pas moins dans la situation, quand, assise à son rouet, elle donne un libre cours à ses tristes pressentiments, à ses craintes, dans l'attente de son amant qui ne revient pas. Et si l'effet n'est pas plus grand, c'est que le compositeur est de nouveau resté impuissant à rendre les contradictions de cette âme bouleversée.

Marguerite, poursuivie jusqu'aux pieds des autels par la voix de sa conscience, par l'angoisse de la maternité qui s'éveille dans son sein, par les accents funèbres de l'orgue qui la foudroie de ses anathèmes, s'est révélée à nous dans toute sa vérité sous les traits de mademoiselle Nilsson. C'est bien là une âme aux abois, une âme brisée par le remords, épouvantée à l'approche du châtiment par les voix démoniaques qui lui crient :

> Marguerite,
> Sois maudite!

Marguerite, déjà punie sur la terre, est en prison; elle chante, comme Ophélie, sans reconnaître son amant venu pour briser ses chaînes. Bientôt, sous son étreinte, elle retrouve une lueur de souvenir. Elle reconnaît la voix de Faust, se jette dans ses bras, et toute sa misère a disparu. Elle se croit sauvée, elle se repose avec amour sur le sein de celui « qu'elle a aimé plus que la vie, plus que l'honneur, mais non plus que Dieu. » Soudain elle aperçoit Méphistophélès sur le seuil de sa prison. Elle frémit, se détourne, s'arrache aux bras de Faust, se rejette en arrière, et s'abandonne à la justice divine.

« Mademoiselle Nilsson, écrivait M. Paul de Saint-Victor, a été sublime dans ce trio final où l'amour, la folie et la mort se débattent sur le lit de paille d'un cachot. Avec quel enthousiasme surnaturel elle lance cette mélodie hallucinée, ardente, délirante, qui, répétée dans trois tons différents, monte au ciel comme d'un triple élan! L'exaltation de la voix ne saurait aller au delà. A ce moment, un charbon ardent passe sur ses lèvres, une langue de feu descend sur son front; la Fée prend la fièvre et la ferveur d'une martyre. »

Enfin, la voix de Marguerite appelle à son secours le chœur des anges. Sa voix est entendue au ciel. Et pendant que Méphistophélès dit froidement : Elle est jugée! les voix d'en haut répondent : Elle est sauvée! L'âme de Marguerite est montée vers les cieux sur les ailes de son chant.

V

Dès l'année 1867 la renommée de mademoiselle Nilsson traversait le détroit, et le Théâtre de la Reine la comptait au nombre de ses *prime donne*. Comme à Paris, elle y débuta dans *la Traviata*, après s'y être longuement préparée par de bonnes études sous la direction de M. Delle Sedie, l'excellent chanteur de Ventadour, devenu professeur au Conservatoire impérial de musique. Son succès fut très-grand, au dire des journaux anglais. Puis elle se fit entendre dans *Martha*, dans *Don Juan*, dans *la Flûte enchantée* et dans *Faust*.

Le *Monde musical* de Londres répète, à propos de ce début, une parole qu'il attribue à Schumann : « Ein blick..... und die Welt glæntz wieder frisch!» [1] Et le critique ajoute : « Si la musique est, comme le disent les anciens, le meilleur remède à la mélancolie, on devrait croire qu'une maîtresse aussi accomplie que Violetta pourrait être son propre médecin et effectuer sa propre guérison. C'est qu'en effet l'impression produite par cette représentation n'est pas douteuse. Mademoiselle Nilsson est déjà placée comme cantatrice de premier ordre dans l'esprit de ceux qui l'ont entendue. »

Toutefois le journaliste anglais, après avoir constaté que « mademoiselle Nilsson ne joue pas le rôle de *la Dame aux Camellias* comme l'a compris Alexandre Dumas et comme l'ont joué madame Doche et la Piccolomini », n'hésite pas à conseiller à la chanteuse « d'abandonner entièrement de pareils rôles et de se borner à un répertoire plus sain. »

La critique d'outre-Manche ne s'était pas montrée plus unanime que la presse française dans ses appréciations sur l'interprétation du rôle de Marguerite par mademoiselle Nilsson dans le *Faust* de M. Gounod. Cependant les satisfaits l'emportent en nombre sur les tièdes. C'est encore au *Daily Telegraph* que j'emprunte le jugement suivant :

« Mademoiselle Nilsson, dit M. Clark, connaît ses moyens et a confiance en elle. Aussi n'a-t-elle pas hésité à paraître dans un rôle où nous avons vu tour à tour mademoiselle Lucca, mademoiselle Patti et madame Miolan-Carvalho. Elle s'est montrée dans le costume rendu classique par le crayon d'Ary Scheffer. Sa voix simple, douce, mélodieuse, timbrée, a rendu en perfection l'air des « Bijoux », et la scène où l'innocente enfant raconte la mort de sa petite sœur. Sa façon de comprendre le rôle de Marguerite est très-originale et très-personnelle. Nulle trace de l'abandon, de la passion auxquels nous avons été accoutumés dans les scènes de la cathédrale et de la prison. Gretchen nous apparaît avec mademoiselle Nilsson comme une jeune fille rêveuse, sentimentale, dont la nature ne peut concevoir aucun sentiment violent. Cette interprétation est pleine de grâce exquise

---

[1] Un regard.......... et le monde resplendit de nouveau.

et de naturel. L'artiste lui conserve ce caractère jusqu'à laisser un pied sur la première marche de l'escalier, jusqu'à conserver la main sur la clef de la porte, toujours prête à sortir pendant la déclaration de Faust, comme si une volonté supérieure triomphait de la sienne; jusqu'à renoncer à certains mouvements, à certaines poses, à certains effets indiqués par ses devancières au moment où l'esprit du mal étend son pouvoir sur Gretchen. »

Dans cette même année 1867, mademoiselle Nilsson chanta au festival de Birmingham, dans l'oratorio : *Judas Machabée.* Elle y produisit un tel effet qu'on l'engagea tout de suite pour paraître, l'année suivante, au festival organisé par la Société du Cristal-Palace en l'honneur de Hændel.

Le mois de juin 1868 arrivé, je ne résistai pas au désir d'entendre la musique du grand maître allemand adopté par l'Angleterre, et je partis pour Londres.

Le lendemain de mon arrivée, j'eus la satisfaction de voir mademoiselle Nilsson dans le rôle de Chérubin, qui est peut-être celui où elle me satisfait davantage. Le cadre restreint de Drury-Lane, qui remplace provisoirement le Théâtre de Sa Majesté, devenu la proie des flammes, est très-favorable à l'interprétation des *Noces de Figaro.* Il a dans sa construction, dans son installation intérieure, un air dix-huitième siècle très-frappant. Toutefois ce n'est point le théâtre privilégié de l'aristocratie, qui étale plus volontiers ses beautés blondes à Covent-Garden.

Mademoiselle Nilsson me parut créée tout exprès pour personnifier le page Chérubin. Elle en porte le costume avec beaucoup d'aisance et de grâce, un ravissant costume de satin bleu de ciel. Elle saisit toute la finesse de ce rôle d'un garçon de seize ans, rôle bien approprié à sa taille svelte. En un mot, elle le joue excellemment. Il n'y a pas jusqu'à une sorte de gaucherie, naturelle à l'ex-paysanne suédoise, qui ne soit parfaitement à sa place dans ce rôle d'amoureux endiablé et transi tout à la fois.

Toutefois le premier air :

Non so più cosa son, cosa faccio,

toujours écrit dans le *medium*, n'est guère favorable à mademoiselle Nilsson, qui, à l'exemple de toutes les chanteuses françaises, ne le dit pas dans le mouvement indiqué par Mozart. Mademoiselle Krauss, seule ici, sait rendre la précipitation du dialogue de Beaumarchais et l'emportement de l'*allegro* «*vivace*» du musicien. Cet air est, sans contredit, l'un des morceaux les plus inspirés de Mozart.

Là où mademoiselle Nilsson rencontre son succès véritable, c'est dans le fameux air :

> *Voi chi sapete*
> *Che cosa è amor,*
> . . . .

Le trouble d'un premier amour ne saurait être mieux rendu que par elle. Aussi la salle entière, ce soir-là, demanda-t-elle à l'artiste de lui faire admirer de nouveau le bijou exquis de l'écrin de Mozart.

Elle avait joué la *Lucia* quelques jours avant mon arrivée à Londres. Je n'eus malheureusement pas l'occasion de la voir dans l'opéra de Donizetti. Je veux suppléer à cette lacune en reproduisant le jugement de M. Clark, l'un des meilleurs critiques d'outre-Manche.

«... Mademoiselle Nilsson présente un idéal tellement accompli de la fiancée de Lammermoor, que jamais dans le plus beau rêve peintre n'a souhaité un plus beau modèle. Le charme qu'avait exercé son apparition sur l'auditoire a redoublé dès qu'elle s'est fait entendre. Jamais douceur n'avait été plus captivante que dans la cavatine : *Regnava nel silenzio*, tandis que les ornements qu'elle ajoute à la reprise du thème de la cabalette : *Quando rapita in estasi*, rendu avec une facilité et un fini incomparables, ont déterminé les applaudissements frénétiques de toute la salle.....

» Si mademoiselle Nilsson n'apporte pas dans la scène du contrat toute la passion qu'elle exige, dans celle de la folie l'actrice a complétement oublié sa personnalité, en entrant tout à fait dans l'esprit de son rôle. Chaque phrase est, sur les lèvres de mademoiselle Nilsson, l'expression du délire de l'héroïne, délire également bien rendu par la voix, le regard et le geste. La cadence expressément écrite par signor Arditi pour la nouvelle Lucy Ashton, dont les difficultés sont extrêmes, a été surmontée avec beaucoup de *brio*. Le talent de l'actrice s'est également montré au-dessus de ce qu'on attendait d'elle..... »

Les Anglais, bons patriotes, comme l'on sait, montrèrent, en ma présence, à mademoiselle Nilsson combien ils lui savaient bon gré du lustre nouveau qu'elle venait de jeter à Paris sur l'une des créations de leur poëte immortel. Elle fut littéralement acclamée à son arrivée sur l'estrade du Palais de Cristal, où elle allait de nouveau flatter l'Angleterre dans son culte pour Hændel, Hændel, le musicien saxon auquel on fit, le 18 avril 1759, de royales funérailles, Hændel qui repose à l'abbaye de Westminster, à côté des rois et des reines, dans le lieu même qui reçut les restes de Shakspeare, de Garrick et de tous les grands hommes chéris du Royaume-Uni.

Le Festival triennal de Hændel m'a vivement frappé. On ne peut vraiment s'en faire l'idée qu'en y assistant. Que l'on se figure l'immense vaisseau du Palais de Cristal converti en salle de concert; un orchestre et des chœurs de quatre mille musiciens jouant et chantant devant trente mille personnes. C'est d'un effet grandiose. Hændel étant le dieu de l'Angleterre musicale, toutes les sociétés philharmoniques du pays le chantent et le jouent de génération en génération. C'est là ce qui explique la belle et étonnante exécution qu'elles en donnent. Ce sont elles qui se réunissent tous les trois ans à Londres, sous la direction de M. Costa, pour fêter le musicien de Halle.

L'enthousiasme provoqué par les œuvres de Hændel ne s'est point refroidi depuis plus d'un siècle. Une chose vraiment surprenante, c'est la perfection de l'exécution, confiée à une telle masse de musiciens venus de tous les points du royaume. Et encore M. Costa ne les réunit-il qu'une seule fois en répétition générale. Son archet conduit seul cette armée si parfaitement disciplinée. Mais, aussi, quel archet! C'est assurément le spectacle le plus imposant qu'il m'ait été donné de voir. Mademoiselle Nilsson chanta avec le plus grand succès deux airs de *Judas Machabée*. Le premier surtout, un air à roulades, souleva des applaudissements frénétiques. C'était justice, car la pensionnaire de l'Opéra a parfaitement compris le sentiment de cette musique sévère et l'a rendu en perfection. Elle a dit le magnifique récitatif de cet air dans le plus beau style. A mes yeux, mademoiselle Nilsson s'est beaucoup grandie ce jour-là. Ce sont, en effet, de ces tâches où l'on s'élève, ou bien où l'on échoue tout à fait.

Quel chœur ravissant que celui de *Acis et Galathée!* C'est d'une fraîcheur exquise. Quel esprit, quelle couleur il y a dans cette conversation entre une femme et son oiseau, naïf et charmant entretien que Hændel a intitulé *Il Pensieroso!* Tous les genres, le gracieux comme le sévère, ont réussi à ce Titan, au sombre Hændel, qui vivait à Londres comme un ours, refusant toutes les avances de l'aristocratie.

Le duo de *Judas Machabée*, chanté par mademoiselle Nilsson et par une Anglaise, madame Dolby Sherrington, ne m'a pas moins frappé que l'air du ténor coupé par un chœur, que l'*Ode à l'Amour*, une page suave de l'un des grands maîtres des oratorios.

Pauvres musiciens du présent, tristes compositeurs « de l'avenir », que je vous plains de vous séparer d'un tel passé !

Paraître à Paris sous les traits d'Ophélie, chanter à Londres, en langue anglaise, la musique de Hændel, il n'en fallait pas davantage pour rendre mademoiselle Nilsson populaire par delà le détroit. Aussi doit-elle se faire entendre, pendant l'été de 1869, dans les principales villes d'Angleterre. Cette tournée lui est payée deux cent mille francs !!

En présence d'un pareil enthousiasme, il est permis de se demander quelles sont les qualités, quelles sont les créations artistiques qui le justifient.

Certes mademoiselle Nilsson, une véritable ambitieuse de l'art, est une artiste consciencieuse et bien douée, dont le talent, résultat d'une forte volonté, d'un travail opiniâtre, est arrivé à une perfection relative. Sa voix est belle, d'un timbre mordant et très-particulier, qui rappelle à mon oreille celui des enfants de chœur. Son *medium* laisse à désirer ; sa manière de phraser est souvent sèche et dépourvue de charme.

J'ajouterai encore, et ceci n'a rien qui puisse déplaire à l'artiste, qu'elle a besoin d'être vue pour produire tout son effet.

Sans être parfaite, la vocalisation de mademoiselle Nilsson a certainement de l'éclat. Les battements du trille ne sont pas très-nets, ni toujours très-justes. J'en dirai presque autant de ses gammes chromatiques. En revanche, les *smorzati* sur les notes aiguës sont incomparables et tout à fait exceptionnels. Cette voix a sa nationalité, aussi a-t-on essayé le parallèle entre mademoiselle Nilsson et Jenny Lind. « Jamais, dit M. Blaze de Bury, Jenny Lind n'eut cet éclat de vibration. Du reste, même caractère virginal chez les deux Suédoises. »

La voix de la pensionnaire de M. Perrin n'a-t-elle pas subi depuis quelque temps une certaine altération ? Ne lui arrive-t-il pas de chanter parfois au-dessous du ton ? Et à quoi faut-il attribuer ces altérations remarquées surtout depuis la création du rôle d'Ophélie par mademoiselle Nilsson ? A une cause pour ainsi dire générale, applicable à la majorité des chanteurs de notre époque : c'est qu'en vérité les études du chant sont toutes différentes de ce qu'elles étaient autrefois. On prend, aujourd'hui, pour de la vibration ce qui n'est que du « chevrottement ». On ne sait plus respirer à propos. Les poumons, mal gonflés, ne suffisent plus à la tâche. De là, les hachures introduites par les chanteurs dans la phrase mélodique. De là aussi les efforts qui altèrent les plus belles voix avant de les briser tout à fait. Tels sont les écueils qui doivent être signalés à mademoiselle Nilsson.

Et puis, il faut bien le dire, c'est dans l'étude, dans la fréquentation des vrais grands maîtres que les artistes peuvent élever leur style et développer leur sentiment musical. C'est là qu'ils doivent aller puiser leurs inspirations : n'est-ce pas à cette source vive et pure que se sont désaltérés les Davide, les Malibran, les Rubini, les Lablache, les Alboni, les Duprez ?

Là où excelle mademoiselle Nilsson, c'est dans l'art de composer une scène, de lui donner toute sa valeur et d'y concentrer l'attention du spectateur. Elle réussit mieux dans un épisode dont l'importance sera relevée par la beauté de la femme, par l'étrangeté de son aspect, que dans le développement d'un caractère, d'une situation compliquée dans ses phases. Aussi restera-t-elle l'idéal d'une Ophélie, d'une Reine de la Nuit et d'un Chérubin !

L'artiste semble l'avoir compris. En effet, une belle mission s'offrait à elle lors de son entrée à l'Académie impériale de musique : aborder l'ancien répertoire et faire revivre quelqu'une des grandes œuvres de Mozart, de Beethoven, de Weber, de Glück et de Spontini, en attendant qu'un musicien contemporain lui offrît un rôle important.

Mais soit que son ambition ne la portât pas si haut, soit qu'elle se défiât de ses propres forces, la cantatrice ne s'est point vouée, jusqu'ici, au culte du grand art. Paraître dans une sorte de tableau vivant et y effeuiller des roses ; chanter une valse, et bientôt après se contenter d'être l'héroïne de M. Gounod dans un opéra médiocre, telles furent les modestes visées de la nouvelle « étoile ».

Et maintenant, est-il bien nécessaire de classer mademoiselle Nilsson, de lui assigner une place à la suite de cette pléiade d'artistes dont nos pères nous ont transmis les noms? Serait-il, d'ailleurs, bien possible de le faire? Dire simplement qu'elle est une chanteuse légère, ne me paraît pas plus juste que de la présenter comme une chanteuse dramatique. Elle n'a ni la grâce sémillante, ni la désinvolture piquante, ni l'entrain, ni la verve nécessaires à la première, ni l'âme passionnée indispensable à la seconde.

Mademoiselle Nilsson restera comme une personnalité très-accentuée, une individualité brillante, ne se prêtant pas volontiers à la comparaison, à l'assimilation, au classement méthodique. A combien d'artistes a-t-on pu adresser un semblable éloge?

Nous vivons dans un temps où la banalité met partout et sur tout son empreinte. Y avoir échappé, n'est-ce pas déjà un rare bonheur?

VI

Quand le chant national accueillit, au retour d'une longue, brillante et périlleuse absence, la chanteuse villageoise, la pauvre petite joueuse de violon devenue *Reine de la Nuit,* quand le chœur virginal des jeunes filles de Malmœ, paré de ses blancs habits de fête et couronné de fleurs, vint lui présenter son offrande, le front pâle de Christina se colora d'une fierté modeste; son œil, qui reflète l'azur verdoyant des vagues, s'humecta de pleurs; mais à la rougeur de l'artiste ne se mêlait aucun trouble, et les perles qui tombaient une à une sur sa joue ne recélaient rien d'amer.

Dire la joie, la fierté dont s'emplit l'humble maison des Nilsson au moment où Christina, suivie d'un long cortége, en franchit le seuil, ne serait pas chose facile. Quelles étreintes! que de mains serrées! Que de paroles confuses expiraient sur les lèvres! Quel rêve accompli, quelle bénédiction du ciel!

Le lendemain, toute la famille, rassemblée dans l'église de Skatelö, y rendit d'un seul cœur et d'un même amour de ferventes actions de grâces au Père céleste. Christina, recueillie, écoutait la parole simple et grave du pasteur évangélique. Lorsqu'il eut achevé son exhortation, elle se leva. On entonnait le psaume 460. Au second verset on se tut. Une voix pure, qui semblait venir du ciel, fit courir dans l'assistance un frémissement pieux. Plusieurs étaient là qui croyaient avoir entendu jadis cette voix d'ange..... mais combien plus belle aujourd'hui! Quels accents plus profonds, plus puissants, plus divers!

A la sortie du temple, on se pressait sur les pas de Christina. On était à la fois joyeux et attristé. On savait qu'elle ne pouvait rester au pays. On parlait d'un prochain départ. On se montrait au chapeau de paille de l'illustre voyageuse — était-ce un emblème?

— l'hirondelle aux ailes déployées qui retenait son voile bleu flottant au vent.

A quelques jours de là, en effet, Christina, rappelée par ses devoirs d'artiste, quittait la Suède. Quand l'y reverra-t-on? C'est le secret des fées. Elle y reviendra, rien n'est plus certain. Dans l'âme des filles du Nord, le souvenir du foyer, l'image de la patrie ne perdent jamais leur puissance, leur attrait sévère et doux.

Désormais la maison où Christina vit le jour appartient à la famille. La ferme que le père Nilsson cultivait au compte d'autrui est devenue son bien. Dans ce modeste et sûr abri, grâce à la piété filiale, il va goûter en paix le repos du soir de la vie. Il attendra chaque printemps, quelquefois déçu, mais jamais troublé dans son espoir, le retour au ciel natal de la voyageuse hirondelle.

Les *Étoiles du chant* formeront un volume grand in-8° colombier. L'ouvrage paraîtra en livraisons. Chaque livraison contiendra la notice, le portrait en taille-douce et un autographe de l'artiste.

Portraits gravés par M. Morse; ornements et illustrations de M. Catenacci.

Prix : **2 francs 50 centimes la Livraison.**

La première livraison contient la Biographie et le Portrait de Mme ADELINA PATTI.

La troisième livraison renfermera la Biographie et le Portrait de Mlle KRAUSS.

PARIS. TYPOGRAPHIE DE HENRI PLON, IMPRIMEUR DE L'EMPEREUR, RUE GARANCIÈRE, 8.

www.ingramcontent.com/pod-product-compliance
Lightning Source LLC
Chambersburg PA
CBHW060720050426
42451CB00010B/1543